ISBN: 979-8-9897701-2-0
ISBN Original: 978-1-5437-7237-1

Published by Hidden Hand Press
www.hiddenhandbooks.com

HIDDEN HAND PRESS

LA SIBILA

Por Hamant Singh

Traducción Orlando Cruz

Índice Temático

EL PRIMER CÍRCULO: CONCEPCIÓN

EL SEGUNDO CÍRCULO: EL ENCONADO

EL TERCER CÍRCULO: CAOS

PREFACIO

Este texto es una colección de himnos, poemas, canciones, cantos fúnebres, escritos por el autor durante 9 años. Es un texto histórico, una memoria y un libro de profecías, todo en uno solo. Este trabajo ha sido refinado a través de los años y está dirigido a una audiencia madura y de mente abierta solamente.

La poesía en este libro está abierta a cualquier interpretación, y no necesariamente es una reflexión de las creencias o experiencias del autor. Mientras que algunos poemas han salido de las experiencias del autor, otros son poemas conceptuales. Esto especialmente en el primer y tercer capítulo de este texto. El primer capítulo del libro está basado en gran parte en relatos de historias que se reinventan como experiencias. Gran parte del tema se reparte con el preexistente fenómeno que ha existido desde los primeros registros realizados. Este capítulo es sobre el gran potencial presente desde el comienzo.

El Segundo capítulo, El Enconado, es en gran parte un intento para inmortalizar los eventos en la vida del autor. Esta colección es muy personal y puede no tener sentido para algunos; no debería tenerla. Respecto a esto, las interpretaciones poéticas pueden no ser correctas o precisas. No hagan un intento por decidir cuál colección explica mejor quien es el autor.

El tercero y capítulo final está basado en las profecías sobre el futuro. Ellos relatan que pasará cuando el fin llegué y la Gran Madre Dragón se eleve desde su muy profundo sueño acuático. El capítulo trata sobre el apocalipsis y el día del juicio final de una variedad de culturas diferentes.

Se espera que este texto resulte en una valiosa herramienta de navegación para tu viaje, y que ocupará una posición adecuada en tu librero durante los años venideros.

AGRADECIMIENTOS

Quiero agradecer a mi familia, sin quienes, nada de esto hubiera sido posible. Si, yo soy diferente. A Gabriela gracias por siempre apoyarme. Este libro no se hubiera publicado sin tu ayuda. Para los artistas Trigiometri (Indonesia), Ziyang (Singapore) y Shane (Ireland), sus creaciones fueron acompañamientos perfectos para este texto. Gracias Orlando Cruz por esta asombrosa traducción. Has logrado mantener la esencia y profundidad de este texto en otro idioma.

Agradecimiento especial a Ho Jiaxuan, la voz de la razón y un verdadero amigo a través de los años. Gracias por la honestidad y la crítica editando este trabajo. Quiero agradecer a Ziyang "Pies" Chua, mi verdadero hermano en religión en el Abismo Hambriento. Gracias por tu trabajo artístico, literatura, apoyo y lectura de muchos de estos poemas, durante la temprana etapa de concepción. Hay mucho que solo tú y yo entendemos que ellos no… y nunca lo harán.

Esta colección de poemas también está dedicada a la memoria de mis queridos amigos que han partido. Atesorare todos los momentos compartidos, tanto como la memoria me lo permita.

Último pero no menos importante, quiero agradecer a La Corriente 218 y al Abismo. Continuaré con el Gran trabajo hasta que llegue mi hora de cruzar al otro lado.

El Primer Círculo:
Concepción

"Ahora la tierra estaba sin forma y vacía, la oscuridad estaba sobre la superficie de lo profundo y el espíritu de Dios flotaba sobre las aguas"

- Bereishit 1:2

PARA AZERATE

Llama Negra

No mengua,
No parpadea,
Y nunca lo hara
Flamea
Eternamente
Nunca se disminuye,
Nunca se Extingue.
La llama sin rostro
En la cara de
Los vientos demiúrgicos.

Estoy despierto —
Tragado entero por Tehom.
Estoy voluntariamente
Consumido por el Caos
¡Salve Tohu!
Te escucho
¡Thaumiel!
Susurros sin palabras.
Siniestras canciones del infinito.
Esa danza en los vientos de medianoche.
Himnos de adoración
Salen de mis labios eternamente.
Hasta que encuentran refugio

Debajo de sus
Escamosas alas negras
Yo cabalgo con Ella,
Derribando dioses.
Con su venenosa cola de flecha
¡Oh Poderoso Dragón!
Somos uno
Por las flamas de Kingu
Fuegos que individualmente hacen
El Sol Negro;
Esa cegadora luz
Que quema los ojos
De los no merecedores.
Araña de LO DESCONOCIDO
Arrastrate sobre el mundo y
Envuélvelo todo
Con tu oscuridad.
La fuerza imparable —
Una luz invisible,
El Abismo Hambriento
Que consumirá el cosmos

Y entonces será el comienzo.

Inseparable

Eras mi mejor mitad
Y yo la tuya

Durante meses crecimos juntos.
Veinte pequeños dedos y
Veinte pequeños dedos de los pies.
Nuestros latidos estaban sintonizados
Al metrónomo de mamá hasta que
Alguien olvidó dar cuerda a tu reloj.

Eramos inseparables —
No literalmente,
Agradecidamente.
Odio tener que
Arrastrar tus restos
Conmigo a lo largo de
Mi vida.

Pero creo que ahora lo he hecho.
Al inicio te veía en los espejos,
Y después en todos lados.
En mi salón de clases,
Sentado junto a mi lado,
Obviamente,
Inseparable.

Entonces, Pare de verte.
Te sentí.
Tu malvado fantasma
Nunca me dejo ir
Una maldita sombra
Que fue a todos lados donde fui
Todos se reían de mí
La loca persona con
El amigo imaginario.
No menos, ¡a las diez!

Todas mis citas —
Un menage a trois.
Ella era el mal tercio
¡Y NI SIQUIERA LO SABÍA!
Tu fuiste un
Pequeño secreto,
Nuestro.

Nadie pudo siquiera
Empezar a comprender
Ese vínculo que compartimos.
Un enlace.
Más fuerte que cualquier voto o juramento
Cadenas sobre mis hombros
Grilletes en mis pies.

Nunca te iras
Aunque ya lo hiciste.
Nunca te desconectaras
Aunque ya lo estas.

Eras mi mejor mitad
Y yo la tuya,
Siempre lo seremos.

El Ritual

Ningún sonido es escuchado, ni siquiera el silencio,
Mientras la serpiente de Once
Se desliza hacia la habitación.
Los Elegidos saben que hay en.
Sitra Achra.
Lo Desconocido, lo temido.
Caos.

La brisa se respira dentro de la habitación y
Un frenético fervor llena sus cantos.
Se burlan de Kefer al invocarlo
¡Su divina sombra!
¡Salve Thaumiel!
¡El Qlifot los sigue!
Desencadenado e ingobernado.
Ellos son Once
Ellos son Once,
Once son.

Sacrificios esperan en el círculo
Para que Lilith se monte
Cada miembro cae profundamente en su infinito.
Ella se posa sobre ellos
Con sus alas plegadas
El aliento de un escabroso gruñido y
Roncos rugidos de emocion
Hacen cascabelear el techo destrozandolo

La corona.
¡Ya no es!

La entrada está abierta.
Y nosotros a la deriva, tan perfectamente sobre ella.
El otro lado
Ellos son Once,
Ellos son Once,
Once son.

Mara

Encontrado al acecho
Donde hay trabajo por hacer
Oh tejedora de los hilos
Del anhelo
En mil formas diferentes.
La caricia de sus destrozados dedos.
El tapiz que ha creado
Mientras sonrisas amenazadoras
Escurren de sus cuatro caras.

Los regordetes dedos de
Rechonchos hombres ricos.
Cuentan sus riquezas
Mientras te escondes y observas,
Sonriendo de año en año.
El aire de la habitación es
Rancio con avaricia
Del aliento a whisky de prostitutas baratas.
Quienes trabajan
Como una píldora de viagra.
Creando falsos sementales.
Incluso sabiendo
Que no es así de duro.

¡Con Yama tu eres uno!
Así como los observas
En la putrefacción de sus propios deseos
Es una lastima que el final esté tan cerca.
Cubriendolos de oscuridad y
Transportandolos a través de esa
Gran Invisibilidad.
Constantemente escuchamos el recordatorio
Del goteo de tu
Única uña retorcida
En el reloj de arena
Como cuervos graznando desde
Árboles Marchitos.

Obstáculo Exaltado
¡Oh Rey de los Demonios!
Que divertido ver
La fragilidad humana.
Donde la vanidad,
Antojos y aprehensiones
Caen espiralmente en una obsesión.
Tu reinado supremo,
Siempre tan gentil,
Susurrando en sus oídos.
Para hacer lo correcto
Y luego lo opuesto.
La comienzan por rascar
En la interminable rueda del Saṃsāra.

¡Mahadevaputra-mara!
La Gran Tentación
Tu criaste bien a los tres
Engendro del pecado
Goteando lujuria
Con senos grandes, perfectamente redondos.
Labios deliciosos
Ligeramente separados,
Mientras anhelantes observan.
Las curvilíneas caderas que fluían
Como un río,
Bajando por sus suaves y flexibles muslos
Que gotean y reúnen
Como charcos en sus tobillos.

Inmortalizado;
Sabemos de tu existencia
Pero seguimos en ignorancia.
Ahí está tu verdadera victoria.
Tu nunca nos dejarías abandonados,
Así como nunca querremos que lo hagas.

El Espectro

Llegó del Más Allá y
Cruzó rápidamente por una ventana abierta
A través de mi aturdida mirada fija
En mi mundo
Más allá de mi inconsciente neblina
Desfilando la muerte
Con su camino de marrón.
Chocando con todo,
Como si fuera ajeno a
Este mundo.
Encontrar orientación pareciera ser
Una tarea muy difícil.
Hasta que al fin, descansa junto a mi.
Sorprendido al principio.
Pero vi lo que pretendía.
No hay daño.
Estaba perdido
Y vagando por ahí
Hasta que encontré
A quién estaba buscando.
¿Quién podría ser?
¿O podrías haber sido?
¿Porque viniste?
Estás sentado a mi lado,
¿Para seguirme
Como una sombra?
A Veces, respira en mi oído

Mientras vagaba inestable,
Como un ebrio
O un serpenteante río.
Incomprensible
Susurros Enoquianos,
Melodias de Enfermedades
Cantos de La Muerte.

Mi compañero nocturno
Hasta que crezco gris y frágil.
Mi tacto como sus alas,
Desmoronándose
Con cada leve movimiento.
Mi vista como pequeñas
Grietas en las rocas.
Paré de escuchar
Tus cuentos
Mientras el sonido se convertía lentamente
Un extraño para mi.
Tú, espectro,
¡Estuviste allí todo el tiempo!
Flotando sobre mi —
Una sombra
Que crecía con fuerza
Mientras yo me volvía
Frágil.
Ya no te veo más.
Tan solo como yo,
He aprendido a navegar

Como tú
Sobre vastos oceanos,
A través de ventanas abiertas.
Desfilando la muerte
Con mi camino de marrón.

Yo Soy El Veneno

(para Ziyang)

Yo soy el veneno
Que deja los labios,
Proclamándote
Hombre Muerto Caminando.
Yo soy la verdad.

Sí, lo soy
La madera
Que llevaste
Y después
Te llevará.
Yo soy las cuerdas
Que limitan
Tus manos sin límites.

Observe desde la multitud
Mientras golpeaste el suelo
¿El hijo de dios?
¿Dónde está tu dios ahora?
Rex Iudaeorum,
En efecto.

Yo soy el flagelo
Que rasga la carne
De tu espalda;
Las espinas que ríen
Al herir tu frente y
Perforar tu sienes.

Me reí,
Cuando el Cireneo que fue hecho para
Llevar tu carga.
Un esclavo debajo de ti
Era para entregarte
Directo a tu fallecimiento.
Yo soy esa venganza.

Caerás una vez más
Como un niño.
Tropezando a cada paso
Como los de un torpe
En su camino a
Una elegante salida.
Yo era las lágrimas que cayeron,
Yo fuí su angustia.
Mientras miraban
Tus graciosos pasos serpenteantes.
Ella estaba en la multitud y
Rogó ser parte del
Bendito estéril —
Que su vientre nunca a luz dio,

Que sus senos nunca amamantaron.

Y observé como
te esforzarse
Soy esa grieta en tu espinilla.
Que cristaliza tu colapso.
¡Sí! ¡Una tercera caída!
¡La trinidad está completa!
¿Dónde está tu dios ahora?
Rex Iudaeorum,
En efecto.

Mientras fuiste,
despojado de tus prendas
Yo me convertí
Tu humillación.
Tu cuerpo expuesto
No es más que piel y
Huesos —
Humano.
Nunca necesitaron
Tu perdón.
Lo que hicieron
Lo saben bien.

Yo soy El Fuego,
La Más Oscura de Las Flamas.
Que forja esas uñas.
Yo soy el mazo
Que los golpeo a través,
Que en la sangre,
Puedes ser purificado.

Yo soy la brisa,
El siniestro susurro
Que arrebató el
Último aliento
De tus polvorientos labios.
Entonces me maravillé de lo bien
Que te colgaron —
Extendido para que todos te vieran.

¡Tu última lanza!
Esto es lo que
Soy.
Esa afilada y aerodinámica
Arma que atravesó tu costado,
Asegurando todo eso
Tu vida fue
No eterna,
Mortal.

Ahora yo,
El Buitre del Cráneo
Circula mi cena y
Espera para picar tus ojos.
Corpus Christi,
Sanguis Christi.

Yo estaba ahi.
Y aquí sigo.
Yo siempre seré —
Mundo sin fin.

Grahanam

Un faro apagado,
Una guía silenciada.
La muerte de la luz
Mientras el mundo abajo esta
Envuelto en una estrecha oscuridad.
El aturdido, desorientado demiurgo
No puede funcionar
Y el furor que se apodera
Es dicha.
En esa oscuridad,
La bestia respira
Mientras la luz se desvanece.
Hay pandemonio
Visto únicamente por los ciegos
Porque no han aprendido a ver.

Cuando el tiempo por sí mismo pierde sentido
El caos que sigue es
Simplemente estelar.

En la oscuridad,
Hay un rugido de inquietud
Escuchado solo por los sordos
Porque no han aprendido a escuchar —
Lobos vikingos devorando fuego,
Cabeza de Rahu tragando estrellas.
Han pasado eones y todavía lo intentan

Para desmitificar los misterios.
Para llamar a un demonio por su nombre
Es domar al adversario.

Para mantener un ayuno
Por esperanza
Que la abstinencia agrada
"Los invisibles"
Para ocultar a la mujer embarazada
Por miedo
Que un solo dedo del cielo
Arrancará a su hijo
Desde el útero.
Ponerse un traje de mago
Por fingir
Que Los Elevados
Tienen miedo de los mortales.

Para ver y escuchar
Es para mirar y profundizar en eso
Gran insondable —
No para descifrar el nombre del demonio,
Pero para presentar tu alma
Al ser devastado por eso
Hambriento *Nuncamás*.

Hijo de la Tierra

Porque siempre
Has sido parte de mi.
Estoy desnudo en ti
A gatas—
Rondando.
Te escucho
Rodeándome
Con tus murmullos.
Escucho tus recuerdos.
Escucho atentamente,
Con mi oreja pegada
A tu corteza.
Las imponentes historias
Nunca envejecen.

Porque ellos han
Olvidado
El sonido de tu voz.
Incluso cuando se encuentra en
Tu Majestuosidad,
Ellos no reconocen
Las primordiales ondas del
Océano de tus cuentos.
Oídos sordos que no
Recordarán .

Entiendo porque escucho.
Entiendo porque no soy uno de ellos.
Estoy aquí porque yo no estoy aquí
Me arrodillé ante ti,
Recogí su tierra y
Bañe mi rostro
En el,
En reverencia —
El guerrero
Hijo de la Tierra.

Cuando hombre y bestia
Son uno —
¡Adam Bediyya'al!
Estoy lleno de tu
Hambre salvaje,
¡Poseído por ti!
Tus exuberantes aromas verdes
Inundan mis fosas nasales y
Despierto —
Me disuelvo en ti
Mientras mi semilla llena la tierra.

Estoy ebrio,
Mareado con tu esplendor.
Así comienza mi juramento hacia ti.

San Martín

La iglesia gime
Sobre la ciudad.
Llamando a los olvidados,
Llamando a los oprimidos.

Negros árboles tiemblan —
Reverberaciones y
Recuerdos
Que despiertan a la muerte,
Que los alcanza y
Atrapa sus errantes almas
Por el cuello.

Los adoquines murmuran
Historias de ayer —
De trabajadores,
De tiranía,
De sacrificio.
Esos adoquines se convierten
En arena,
En polvo.
Los monstruos se rehúsan a ser ignorados —

Historias de ayer
Vigiladas por guardianes
Los alebrijes están mirando.
Atraviesan la noche volando,
Destellos luminosos en la oscuridad —
Son momentáneos
Fáciles de perder
Si parpadeas.
Se convierten en espacios entre las estrellas.
Se vuelven leyenda —
Figuras de madera sin
Ningún significado.
Sin magia unitado,
Solo un resonante
Ahuecado golpe de
Un árbol de copal.

Leyendas que las montañas
Murmuran unas a otras.
Siguen viniendo
A ti
En sueños —
De sangre,
De magia,
De rendición.

Fragmentos
Que no podrás
Juntar
Porque tú eres demasiado importante.

De Deudas y Cadenas

Una cuerda que ata
De formación,
Puede estrangular si tienes suerte.
De otra forma, te sofocará
Por permanecer atado,
A pesar de que
Puede ser cortado.

Una cuerda que ata y
Enmascara la discordia.
Abrazo de abrazos
Hasta que no hay
Más espacio para respirar;
Te va sofocar.
Para chupar una teta,
Un tesoro —
Una trampa.

Esposas
Como tentáculos —
La rodean,
Le succionan
Y se rehúsan a soltar.
Le succionan
Pero no en el modo
Que yo succiono.

Hierros,
Si eso es lo que son —
Bromas.
Engaño —
Recibos de deudas
Que no pueden pagar.
Esclavitud
Que existe desde
Qayin.
Un esclavo encadenado por
Tu amor.

Si tu sólo puedes ver
Yo.
Si tu sólo puedes ver

Deudas que van más allá de la tumba.
Endeudado,
Indudablemente endeudado.

Y luego,
Ahí está la Gran Serpiente,
De donde
Todos venimos.

Poderes que van más allá
De la tumba.

En ti, me sofoco y muero.
En Ti, respiro y próspero.

El Segundo Círculo:
El Enconado

"Entonces el señor [traerá sobre] usted y su descendencia únicamente [horribles] plagas, terribles e inflexibles plagas, maldad y enfermedades inquebrantables"

- Devarim 28:59

Sobre Mintiendo

Mientes
Sobre donde reposas
Y con quienes reposas
A el, con quien reposas.

Donde mentir se vuelve común,
En todos lados mientes,
Todos los días mientes,
Mentiras diarias.
Y tu continuas mintiendo
Y mientes y mientes,
Y mientes y mientes.
Se vuelven anónimas,
Tus mentiras.

Cuando note tus mentiras
Queria mentir
Y me dije a mi mismo que era solo yo.
Sobre pensando, sobre analizando.
Y preguntándome demasiado.
Pero esa es la premisa de mentir —
Una pregunta.
La mentira nace de una pregunta,
Nace de una fantasía.
Y entonces mientes y mientes,
Y mientes y mientes.

Hasta que despiertas de un sueño
Y la fantasía llega a su fin.
Solo para encontrar la verdad que está junto a
Ti, en realidad.
La verdad te acompaña al dormir
Con quien te acuestas
Y a quien mientes.
La verdad se acuesta a tu lado.

Y entonces mientes y mientes,
Hasta que te recuestas a lado de la verdad
Y después no mientes más.

Muerte del Poeta Local

¡Para pintar con palabras y
Crear una explosión de significados!
Puede que mil pensadores sean
Conmovidos por mi arte.
Nociones elevadas para mi nación.
Y todavía conozco mis límites.

¡Escribo sobre historia y cultura,
Interculturalidad y misterio!
Escupo mi fusión de la lengua macarrónica y
Grandiosas pretensiones
A mi pandilla de pseudoartistas,
Para no parecer ignorantes
Mientras reflexiono en lágrimas,
Sofocando risas.

Exploro las identidades locales y
Decoro galletas con sus símbolos
Que los extranjeros jamás comprenderán.
Palabras locales para mentes locales.

El forastero está desorientado
¡En el laberinto de mi vernácula!
Hasta que nota que mi mazo
No es nada
Más que una interna
Broma.

Entonces saboreo sus pinturas
Y respiro sus reflexiones,
Y sus desinteresados gritos
Mientras mi escritura lentamente se reduce
A cenizas.
Porque hay mínimo valor en
Recuerdos rotos,
Actividades anticuadas,
Identidades inutiles.
Un montón de huesos empolvados.

Ahí comienza el fin del poeta.
La rana ahora está al borde de la maravilla.
Empiezo a bailar al filo de la navaja:
El lugar donde soy libre.

Mi despertar
Penetra profundamente en
El punto exacto donde mi voz y mi pluma se encuentran
La pluma *es* más poderosa que la espada;
Al menos la mía lo es.

Un Mendigo

(Para Wijjanada)

Una eterna caminata
Dejando un rastro de
Quietud
Flanqueado por mi madre y amigo.
Cada hábil movimiento
Pensado a fondo, minuciosamente
Cálculos que superan el tiempo.

Arrodillado sin nombre ante
El Gran Maestro.
Hecho para despojarme de lo que nunca
Estuvo verdaderamente allí.
Labios entreabiertos aceptaron los diez
Pero siguen abrazando
Todos los doscientos veintisiete
Sacrificios —
Principios para la liberación.
El Amante del Conocimiento
Estaba apunto de escapar del Saṃsāra.

Desnudo a la deriva,
Guarda el azafran
Que lo hizo
Flotar sobre la habitación
Sin pertenencias

Porque él no pertenece a
Este mundo.
Sus posesiones no
Son suyas.
Misericordias otorgadas por los
Benditos benefactores.

Reinos trascendentes,
Bendecidos con nada, pero
Bendiciendo a los que lo pasaron.
En esta tierra y la siguiente,
Sangre en ocasiones derramada
Para apaciguar
A los Anónimos

La oscuridad siempre llama.
El conocido yacía en el
Brillante silencio
¿Dejó a su familia?
¿O lo abandonaron?
Dejando secos y empolvados.
Sus pálidos y resecos labios
Que murmuran una oración
Sobre el inmenso vacío.

La ira se ha ido.
Vanidad ríe y se va.
La contemplación es su único amigo.

Recorrido sin nombre
Un nomada errante,
Con desasosiego en un
Mundo silencioso.

Las horas finales fueron
Un nudo de tensión en el aire.
Una última reverencia ante
El Gran Maestro.
Y la escoba fue
Un unico recuerdo
De una vida solitaria.

El *Sāmaṇera* hizo su salida
Como recuerdo a través de puertas abiertas.
Un retorno al mundo exterior
Pero él nunca se fue verdaderamente.

Reptil

¡Y ahí te atrape!
Retorciendote entre mis pies
Para que te dejase entrar.
En aquella oscura habitación,
Luchando por
Tu vida,
Su Señoría;
Encontré al acusado:
Culpable.

No pude ver mucho
Pero supe que eras tu
Por mucho que lo supiese
Toda mi vida.
La historia se repite por sí sola
Tal como era
Cuando era joven.

Frío y pegajoso
Como un borrador entre tus dientes.
Algunas cosas no cambian—
Oportunismo.
Cuando los gatos no están…
Confie en ti
Para mantenerte lejos
Pero no pudiste resistir ¿O si?

El tío Joe era dueño de la tierra
¡Pero él conocía límites!
Se mantuvo alejado y tomó su oportunidad
Una vez la costa fue clara —
¿La costa fue lo suficientemente clara no es así?
¿El alardear estaba lo suficientemente cerca no es así?

Pero tu,
¡Sin Vergüenza!
A la intemperie,
Conociendo mis miedos.
Sin remordimiento al respecto
De lo que sentí.
Incluso aunque el Tío Joe
Ya había hablado de ello
¿Qué diría la gente?
¿De que se iban a reír
Del cobarde,
Del cornudo?

Encendí las luces
Y fui por mi vino–
Dulce indulto
Porque no quise que fueras otra.
No tu
Después de todos estos años
Y aún,
Sé lo que se siente entre mis dedos de los pies.
Si, el trago fue de ignorancia,

¡Probablemente el objetivo!
Solo te quería mantener a distancia.

Sabía que saliste a jugar
Pero debes burlarte en el proceso,
Dejándome humillado.
Y sin embargo aquí estoy,
Con la copa llena de ignorancia.

¡Salud! Mi amor...

La Ninfa y El Ogro

La carne del leñador atravesó los océanos
Para las gentiles ninfas de la tierra
Apenas deteniéndose a descansar
El ogro fue por el nido.

¡Hola! ¡Bienvenido!
¿De donde vienes?
Nada importaba realmente
Para que esas vidas sean destrozadas.

Gruñendo y resoplando
Con su aliento a hidromiel,
Atrapando los ágiles marcos
De las hadas.

Rugosas y velludas manos rasgan
La tierna carne de las hadas
Hasta que su carne deja de serlo
Callosas, muy parecido a él.

El aleteo de sus alas,
Se olvidó fácilmente.
Ella satisface a la bestia
Para que su familia tenga un banquete.

El sol se pone suavemente,
Los rayos se posan en medio
Grietas y cortes en su cuello.
Los amarillentos dientes que las ninfas lamen.

El ogro provee para su ninfa
Y para las demás también.
Pero ella no puede sentir, no debería,
O arriesgará a la familia a la hambruna.

A través de estipendios y venta de carne,
A través de búfalos enfermos y pequeñas esposas.
El amor prevalece, un matrimonio por conveniencia —
Una polla para darle de comer al gallo.

Balada de Sirena

Ella gimió a través de las dunas
Para atraer al viajero,
Quien se percató de las notas
Mientras se acercaba.

Dulces perfumes alrededor
Las melodías estaban en el aire,
La luna nocturna reveló
Las delicias y fantasías en su cabello.

Sonrisas por sonrisas
Con suaves burlas
Pestañeando,
La magia se libera.

Su canción lo mantiene firmemente,
El baja su guardia
Ella aprovecha su oportunidad
Su fé, su corazón.

Susurros y cantos,
Escupen y suspiran,
Atado por la magia
Que ciega sus ojos.

La voluntad es fuerte,
La carne es débil.
Esas tontas almas —
El manso bendecido.

Todo aburre
Con el hacha del tiempo.
La sangre mágica también
Con cada helada campanada.

Magicas esposas
Fallaron al quebrantar su voluntad.
Sus encantadas cadenas
Se debilitaron aún más.

Al fin libre
Él analizó la tierra.
Al fin libre
De su malvada mano.

Cuando anda por el camino,
Su canción aún lo llama.
En ciegos ojos y sordas orejas,
Caerá su encanto.

La Sirena es nada,
Sin su encanto.
Un veneno neutralizado
No podrá hacer ningún daño.

Atardecer

El Sol comienza su descenso
Pero no hacía calor,
Mis manos se retorcían mientras ellos sostenían las
suyas.

El tiempo pasó despacio
Momentos insoportables
Mientras avanzaba hacia el horizonte,
Hacia un predestinado y condenado destino.
¿Por que mirar el sol descender
Cuándo sabes a dónde irá?
¿Fotografías? ¿Recuerdos
Que vivirán en un oscuro pasado?

Para capturar la luz que nos cega,
Aferrándose impotentemente al dolor y la agonía
¿Y que si necesitamos sol y calor?
¿Qué necesitamos sol y calor?

Tratando conseguir recuerdos salvajes
Que no quieren ser capturados,
Susurros disolviéndose en el viento,
Fantasías a través de la arena brillante.
La angustia que viene al recordar
Pero sigue sin haber calor.
No lo hay.

Mientras el sol comienza a quemar el horizonte,
Un portal en el tiempo se abre.
Un rasguño en lo eterno,
Una insignificante partícula.
Infinita.

Que no importa, sin embargo lo es todo.
El viaje se cierra lentamente.
¿Pero dónde está el calor?
Todo el tiempo ¿donde está el calor?
El viento sopla frío y Ella es el sol.
El final se acerca burlón
La experiencia fútil.
La arena se quema naranja, la flama pronto se extinguirá.

Ella lucha para iluminar el cielo pero
El tiempo tiene otras ideas para prolongar el sufrimiento.
El mundo sigue girando
Sonriendo, corriendo, riendo,
Mientras, no hay calor, nunca lo hubo.

El mar consume la llama quemada.
Un Dios–
Reducido a simples rayos.
Hasta pertenece todo a su flamante recuerdo
Ardientes momentos
Y ahí no hay calor,
Y nunca lo habra.

La Danza del Escorpión

Un desfile de cuerpos, músculos flexionados
Y sútiles reflejos acentuados.
Extremidades de hábiles pinceladas
Pintando una obra maestra.

Ellos bailan la danza del escorpión
Unos contra otros
Punta, talón y la postura
El depredador rodea a su presa.

Un juego de ajedrez ocurre—
Respuestas simbióticas de
Delicadas Hadas armadas
Con la fuerza de lobos.
Con sus colas preparadas, aguardando,
La Espera es la mitad de la danza.
Eternidades parecen haber pasado
Su transfiguracion.

Escorpiones convertidos en dragones
Majestuosas alas
Oscuros respiros de fuego
Y salvajes gruñidos.
La Danza de La Sangre —
Una batalla en espiral que demanda
La permanencia de un solo bailarín,
Parado frente al único bailarín.

Si Sobrevivimos a Junio

Una repentina necesidad de partir
Lo cual no debería ser tan difícil.
Te veré luego, te veré pronto
Mucho antes del mes de Junio.

El dolor acechaba
Pero bien controlado
Las olas de la tormenta
Aún no se habían contado.

El mes que viene sera el último
La plaga y el dolor habrán pasado.
La plaga, una tormenta en el océano
Pestilencia pudriéndome.

Mis olas estrellaban contra las rocas
Un amor, un dolor, que estrellará los relojes.
¡La tempestad se mofa de mi impugnado amor!
¡Este maldito, desdichado mes de Junio!

Un mes de dolor mezcla de lágrimas y lluvia,
Mi amor no será agotado nunca más
Si sobrevivimos todo Junio
Si sobrevivimos este negro monzón.

El tiempo se aclaró por cien lunas,
Los platos y tenedores y cuchillos y cucharas.
Nuestras vidas juntas, una dichosa melodía
Si sobrevivimos al mes de Junio.

Cuatro Días

La mejor parte de la semana —
Mi semana.
Mi debilidad
Que se agitaba y arremolinaba.
Y termino en un solo latido.
Ese inmensurable infinito —
El tiempo que
Dejó la música suspendida
En el aire,
Resonando,
De la huelga de
Un Djembe.

Algún lugar entre
Los dos que yacían
En la insondable
Grieta.
Un profundo barranco
Que es ambos
Un susurro y un eón.
Risa resonante
Y luego rebotando a barlovento
Escondiéndose en el sotavento.
De un burlón olvidado
Que desaparece en la neblina.

Y respiraciones forman las nubes
Que velan los pináculos —
¡Estas inmensas alturas!
Desde donde
Arroyos celestiales gotean.
Yo mojo mis dedos y
Comprendo el calor,
Yo comprende su esencia
Que ascendió a más de un monte.

Cuando cuatro días duraron por días
Pero todas las corriente fluyen
En una interminable,
Inevitable
Vale.

El Tercer Círculo:
Caos

"Y la mujer se arreglo con colores purpuras y escarlatas, y adornada con oro, perlas y piedras preciosas, llevando en su mano una copa dorada llena de abominaciones y la inmundicia de sus fornicaciones:

Y sobre su frente llevaba un nombre escrito, MISTERIO, BABILONIA LA GRANDE, LA MADRE DE LAS RAMERAS Y LAS ABOMINACIONES DE LA TIERRA.

Y yo vi a la mujer embriagándose con la sangre de los santos, y con la sangre de los mártires de Jesús: y cuando la vi, me preguntaba con gran admiración.

Y el ángel me dijo ¿Porque te maravillas? Yo te diré el misterio de la mujer, y el de la bestia que la lleva, el que tiene las siete cabezas y los diez cuernos"

- Revelaciones 17:4-7

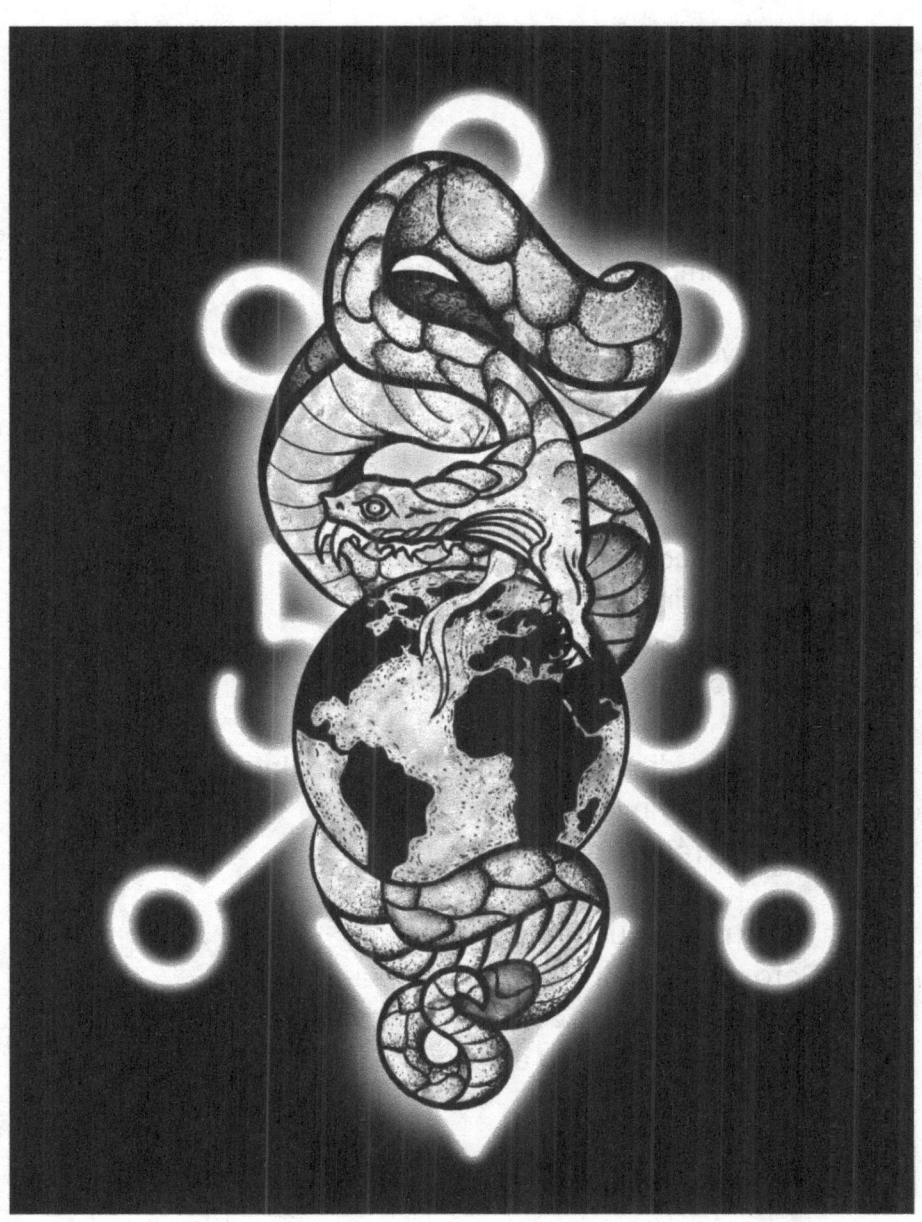

Cuando el Abismo Me Encontró

Un infinito dentro de uno,
Un infinito explorado.
Regresar a este reino
Es una imposibilidad imaginada.

Las leyendas, los misterios,
Nunca terminan
A través del abismo,
Solo hay nada y oscuridad.

Una reducción a la bajeza —
Del Caos inicial,
Donde la locura respira.
Borrado y después devorado.

Que mi sediento e inestructurado espíritu
Renacerá y mis ojos se abrirán.
Once verán mi purificacion

Ya no me encuentro presente
Pero todo de mi sigue siendo.
Mi destino ya decidido por los invisibles magistrados.
Por su veredicto, yo asciendo.

¡O Infinito! ¡O Majestad!
¡El complejo diseño de la Eternidad!
Asombrado por el terror y la reverencia
Mientras veo lo que miente en El Otro Lado.

Mi Rendición

En total rendición
Me siento en frente del Océano.
No temo
Al Mas Allá
Se traga mi alma y lo destruye todo.
Insignificantes emociones humanas, sumergidas por
La Luz Negra.

En total rendición,
El Sol cae por sí mismo.
Sus rayos queman negro al desvanecerse en Ayin.
El hijo asesina al Sol,
Y Yami no está en ningún lado.
Se reinicia al Infinito, al Caos —
En Caos está todo, cuando no hay nada.

En total rendicion,
Todas las vidas van a La Muerte.
Ella asciende una vez más,
Una tormenta de cuernos y alas,
Para afirmar lo que una vez le taladro.
La madre reclamó su desovar.

Todo es uno con el fuego;
No hay nada con la luz.
Para abrirnos y recibir la Oscuridad.
Se traga mi alma y lo destruye todo.

El tiempo se detiene,
La marea deja de fluir
Mientras el hambriento devora nuestras almas.
Descubriendo la única luz que vale la pena ver.

No hay un YO,
Y la visión es restaurada.
Ahora todo está claro
En el inexistente camino.

Setenta Demonios

Y los primeros diez se levantaron para decir
"Seremos castigados para siempre y un dia
Nuestras lágrimas derramadas, no encontrarán hombros.
Nuestro anhelo por amor, un desesperanzado ardor."

Los siguientes diez, eran esclavos del arpa
Poseídos por la música, que frotaba en sus almas.
Rogaban con los ojos y sus melodías
Para ver y escuchar como un oyente ve.

El tercer lote de diez, una tripulación arrogante,
Seguían justos y correctos, su causa era verdad.
Un simple esfuerzo, un feliz mañana,
Por diversión, ignorando el tiempo de la pena.

La cuarta pandilla de diez, admiradores de al luz,
¡Como los rayos rebotaban, bailando y volando!
Todos anhelaban atraparlos.
Fallo tras fallo, intentando como podían.

Vino del más dulce, escurría de sus labios,
¡La quinta decena adolorida por cincuenta sorbos!
Y otros cincuenta que vinieron después,
Una elacion, elevación, para siempre jamás.

Los escribanos mas ingeniosos fueron los siguientes diez.
Imbuidos con una maestría oscura

Sus dedos destrozados, varitas malditas.
¡Por escribir la verdad y escribir es despreciable!

Los últimos diez, los más difíciles de complacer–
Exploradores de tierras extrañas y de los siete mares.
A menudo llamados imprudentes, pero a menudo se
sienten libres
La celosía de la real y permitida valentía.

Setenta demonios, codo a codo
Danzan en círculo, un círculo de daño
Danzan en círculo, codo a codo
Setenta demonios, un círculo de daño.

Ella

(Para Ella)

Su deslumbrante rugido silenciado
Por su susurrante reflujo.
Monotonia repetitiva.
Lejos está de lo mundano.
Una pulcritud penetrante, que se burla del tiempo.
Mientras me hincho de un infinito ensordecedor.

El Sol radiante no perdona a nadie.
Mientras Ella dispersa sus rayos
La destellante danza de las olas.
Ain yacía ante mí y eso era todo.
Sin poder cambiar mi mirada
Mientras el brillo apresaba mi alma.

La salada esencia llenaba mi ser
Las quemaduras que la sal dejaba.
Embriagado. Ella no me había tocado
Pero lo hizo y me dejó tan borracho.
Mi vacío caparazón arrastrado a tierra.
Extasiado, mareado, ebrio donde yacía.
Y no quería estar en otro lugar
¿Qué más tenía que ver?
Lo fantástico, lo terrorífico,
¡Su majestuosidad, su magnificencia!

Su ira agitó las aguas.
Quedó enraizado, aterrorizado,
Mientras sus amenazadores avances en el horizonte —
Tómame, soy tuyo para devorar.
Las olas se elevaron sobre mi

Estoy desesperadamente consumido por la inmensidad
Mientras voluntariamente quiero ser tragado por
Ella.

Dividirse en D(i)os

Pompas patriarcales y mandamientos
¡Quemados en tu cerebro y tallados en tu lengua!
No debes tener otros dioses más que yo.
¡Yo, Tu padre, soy un Dios celoso!
Ehyeh Asher Ehyeh.
Y nunca te dejaré saber
Como me define tu adoración.
Como vinieses a ser el *Sof* de mi *Ayin.*
Yesh me-Ayin.

Una habitación llena de fijas miradas,
Almas vacantes
Sedientos por ser colmadas con
Ficticio espiritu mojigato.
De otra manera huecos sacos de carne
En extrema necesidad de cumplir.

En extrema necesidad de propósito.
O ciego y vulnerable,
O cansado y agobiado
Y débil y tonto.

Fijas tu mirada en las vivas heridas
De mi sacrificio —
Espacios vacantes una vez sanados,
Mientras rocío más
Culpa sobre tu cabeza.

Mantente encorvado,
Que nunca puedas
Ver realmente
Son mis elegidos
El dios que los sacará de Egipto.
Su lugar nunca será entre verdaderos dioses.
Siempre es sencillo
Llevar al rebaño lejos de la matanza.

Te llamamos por tu nombre,
¡YHVH!
No HaShen, nunca Adonai.
Que estas en el cielo.
Santificado sea tu nombre,
Dogma, canto y retorico
Todo se derrumba
Ante
Los Once.

Entramos a tu casa
Ilesos por
La Llama Negra
Que deja todo ardiendo
Y destrozó tu asiento.

Observe tu ruina –
Defectuoso poder convertido en
Caido poder
Ehyeh Asher Ehyeh.

Tu reino, poder y gloria, todo
Devorado por la voracidad
Cavernosa
Abismo.

Amen.

La Araña

Más intrincado fue su plan,
Lapso de horas penado,
Desconocido para todos,
La llegada de su caída.

El giro crece y se desparrama,
A través del ciego, innato.
Las ocho no cuatro
Esforzada cada vez más.

Mecanismos muy delgados
A través del tacto y la sonrisa–
Que construyen y construyen
A través del orgullo y la culpa.

Ocho tentaculos
Que consumen y consuman
Que envuelven sobre la hora
Y tragan completamente ¡Devorado!

Porque redes de mentiras
Finamente veladas,
Son trampas de verdad,
Ambas dientes y uñas.

Cuando el viento sopla
Y tormentas y genios,
Se dividen
Si, desgarrado corazón.
¡Y la luz azota
Y penetra y pica!
Su red para mascar
Dejando a la vista.

Ahí estaba eternamente —
Carnal, etereo.
Resuena un grito.
Las campanas del infierno están sonando.

Las ocho no cuatro
Esforzada para siempre
Las ocho no cuatro
Nunca mas amará.

100 Gaiteros

Ella les hizo señas
Desde muy lejos.
Cante su melodía
Mientras ella soñaba y soñaba.
No era mi sinfonía
Pero me deleite con ella
pague con dolor.
Y sangre y sangre como ella soñaba y soñaba.

Ellos tocaron y tocaron
Durante toda la noche.
Solo y pérdido
Mientras ella soñaba y soñaba.

Ella se despertó agitada
Tan pronto como ellos perdían su melodía.
Los Cien Fuertes.
Embriagadores.

Ella nunca volverá a cantar —
Ahorcada por los fantasmas
De cien gaiteros
Y su cruel canción.

Su melodía es escuchada
En los invernales vientos.
De Los 100 gaiteros
Mientras ella soñaba y soñaba.

Para Allá Vamos Todos

Esa fría esquina gris,
La recuerdo
Ese inmenso y polvoriento desierto.
Estuve allí pero invisible y ahora
Ya voy a casa
Pero yo no.
El viaje final sobre
El oceáno eterno.

Escuche un susurro —
Ya es hora
Y supe que me debía ir.
Como la familia llamando a volver
Cuando el día se hunde en la oscuridad.

Ese lugar,
Para alla vamos todos
Sin estrellas
Cámara del paso decrépito.
Yo viajo
Bajo al abismo,
Desciendo
Profundamente
¡Infinita Cavernosidad!

Escucha la oscuridad,
Y el viento sin viento.

La Gran Serpiente
Me lleva en su espalda
Mientras deambulamos por
Catacumbas eternas,
Cada una más húmeda que
La anterior.
Sin sonido
Ecos del Diablo.
Desvaneciendo en voces de
Los Viejos —
Una orquesta,
Una Sinfonía.

Esa esquina gris es,
Un lugar para descansar
Donde las sombras errantes se mezclan
Una con otra —
Corazas,
Cascaras
Meditan
En el frio.
Flotando eternamente
Entre los helados
Anillos de Saturno.

Y ahí debo reposar,
Sepultado,
Enterrado.

Mahaphralaya

De nuevo frustrado en
El Gran Respiro.
Un phralaya para negarlo todo.
El cese de *Sweta-Baraha*.
Y el fin.
Y comienzo de la infinidad.

Aniquilación del cosmos,
Melodía que pronto será olvidada por el tiempo
¿Y qué de la sangre?
¿Cuál sangre? ¿Qué ataduras?
Todo se reduce a uno,
En fuego
Lo amasado
Riquezas
Y se jacta,
Ricos y opulentos —
Lo inmaterial, frente a
La Gran Disolución.

La muerte del ego y
La muerte del YO.
Mientras cruzamos por
El Gran Más Allá.
Después de ser
Purificados.
Yama sonrie.

Está listo para nosotros —
Mil lazos para el fin.
Mientras su padre arde en llamas y
No brilla mas.
Un camino sin sendero
Sinistroso.
Mahakala,
El Grandioso desnivelador —
El principio del final.

Una sola conciencia
Filtrada en
La dicha de
Mahaparinibbana.
Bañado al paso
Iluminado por
La Llama negra
La verdadera esencia
Detrás de la existencia.

Que inmaculada
La desnudez total —
¡Despojados al desnudo!
Desnudez, solamente cáscaras
Y caparazones que se juntan
Para formar el
Nuevo todo.
Ayin.

Será el tiempo para que
Los olvidados
¡Se levanten!
Salve Tiamat,
¡Madre Divina!
Levantate Kaliya,
Para que seas
¡Limpiado de la humillación!
¡Tus hijos se reúnen porque
Ya es tiempo!

El fin de todos los *Kalpas*.

Salida

La gran perforación en el firmamento —
¡No, el venerado rasguño!
¡Oh poderosa caverna!
¿Que misterios escondes detrás?
Intentamos y fallamos
Para ver detras de ti
Pero no podemos aproximarnos
Su majestad.
Un Dios
Que en verdad conocemos
Existe en
Gloriosa omnipotencia.

Una puntada en el tiempo no nos salvará —
Una potente lágrima en la
Fábrica de la realidad.
En un total y abierto desafío de
Tiempo y espacio,
¡El devorador de la luz!
¡Oh vacío ilustre!
Tragándose el cosmos
Una estrella a la vez
En tu desconocida magnificencia –
La boca abierta del
Dragón.
Conocemos a
Los ancianos dioses,

Los Primordiales.
Aún existen invisibles
La Materia Oscura
Que acecha
En las esquinas y grietas
Que rodean el
¡Implacable abismo!
Porque nada puede resistir
A la Nada.

¡Las trompetas soplan!
Oh como soplan
Todas sonoras, ¡siete!
La clamorosa perforación
Mientras la espiral brilla.
Toda vida, todo comienzo
Succionada dentro de la
¡Ensordecedora disonancia!
¡Oh estruendoso ruido!
Todo el futuro devorado por esa
Ensordecedora Eternidad.
Por siempre.

Como nosotros
Rindiendonos al
Orificio
Hay una separación de
Consciencia
Y nunca más se produce.
Un Desconocido,
Un Impensable:
Lo Inimaginable.
Presenciando la desvanesencia hasta el
Blanco —

Y luego,
Vemos lo invisible,
Presenciamos

El fin.

Acerca del Autor

Hamant Singh es un escritor Singapurense inspirado por las diferentes culturas que conoció durante sus viajes. Se graduó en el 2011 y ese mismo año dejó Singapur.

Viajando alrededor del Sudeste Asiatico, dedicó su tiempo a enseñar Inglés durante 10 años en Myanmar, Indonesia, Tailandia y Vietnam. Lanzó su primer colección de poemas titulado *The Sybil* (2022).

Inseparable fue nominado para el Premio Rhysling 2022 por la Asociación Poética de Ciencia Ficción. *The Sybil* también estuvo en la votación preliminar para los premios Bram Stoker 2023 (Mayor Reconocimiento en una Colección Poética.) Recientemente, *The Sybil* también fue nominado para el Premio Elgin 2023.

Actualmente reside en las montañas de Chiapas, México donde disfruta de la jardinería, el montañismo y la lectura. Él está trabajando en colaboración con escritores Mexicanos y también pronto lanzará un libro sobre su abuelo. Ambos se esperan sean publicados en 2024.

Traducción por Orlando Cruz

Conocí a Hamant el día que presentaba su libro en el Grafografo en la ciudad de Tijuana. Me ofrecí a traducir un par de poemas para el público durante la presentación, fue todo un reto, pero para mi sorpresa, al finalizar Hamant me pidió que le tradujera La Sibila completa. Acepte sin pensarlo, sin saber lo que eso implicaba, y este es el resultado: una versión realizada en conjunto con el autor para poder transmitir la esencia que el plasma en su obra original 'The Sybil'. Esperamos sea de su agrado y para quiénes gusten leer ambas obras y así decir por sí mismos la certeza con la que se tradujo. Sería muy agradable para nosotros saber su opinión y recomendaciones.

www.ingramcontent.com/pod-product-compliance
Lightning Source LLC
Chambersburg PA
CBHW011231120626
46549CB00008B/3224